1.ª edición: abril 2026

© Del texto: Ana Alonso, 2026
© De las ilustraciones: Esther Lecina, 2026
© De esta edición: Grupo Anaya, S. A., 2026
Valentín Beato, 21. 28037 Madrid
www.anayainfantilyjuvenil.com

ISBN: 978-84-143-4295-4
Depósito legal: M-28145-2025
Impreso en España - Printed in Spain

PAPEL DE FIBRA
CERTIFICADA

ANA ALONSO

ANTIGUA GRECIA

ILUSTRACIONES DE
ESTHER LECINA

¡Hola, soy Aurora Mores!

Encontré el *Atlas del tiempo perdido* en un desván y ahora salto de época en época como quien salta de una canción a otra en Spotify. ¡Y en todas las épocas hago amigos!

En mi mochila llevo:

Atlas del tiempo perdido

Lo encontré en el desván de mis abuelos y no tengo ni idea de cómo llegó allí. Es fácil de usar. Buscas en el índice la época que te interesa, abres el libro por esa página y ¡BAM!, estás en esa época. Pero no es un viaje virtual. Es real... ¡A veces, demasiado!

Botella de agua reutilizable
Porque el agua de las fuentes
griegas puede tener sabor a cabra.

Protector solar factor 50
El sol mediterráneo
no perdona, ni siquiera
en el siglo V a. C.

Traductor universal
Aunque a veces traduce *filosofía*
como 'amor a los quesos'.

¡Saludos! ¡Me llamo Atenea!

Soy la diosa de la sabiduría y de la estrategia guerrera. También soy la patrona de Atenas, que lleva mi nombre (¡por algo será!). Yo me encargo de contarte todas las historias épicas, los mitos fascinantes y los hechos históricos más importantes. ¡Conozco todos los chismes del Olimpo!

Lanza de la verdad

No es solo para los combates. Esta lanza especial me ayuda a señalar exactamente los momentos importantes. Cuando la clavo en el suelo, todos saben que va a empezar una historia épica.

Lechuza

Mi compañera inseparable y bibliotecaria personal. Ve en la oscuridad, es muy lista y tiene una memoria prodigiosa para recordar todas las historias. Es como tener Wikipedia con alas, pero mucho más fiable..., ¡y además caza ratones!

Rollo dorado de las historias

Aquí tengo escritas todas las aventuras de héroes, dioses y mortales. Se desenrolla solo y las letras brillan cuando cuento una historia especialmente emocionante. Es mi Netflix particular, pero en versión papiro.

¡Soy Fedro! ¡Encantado de conocerte!

Soy Fedro, artesano ceramista y pintor. Hago las vasijas más bonitas de toda Grecia Yo te explico cómo comemos, cómo trabajamos, cómo nos vestimos... ¡La vida real de verdad!

Lécito pintado con escenas cotidianas

Mi vasija favorita está decorada
con escenas de la vida diaria:
gente comprando en el ágora,
niños jugando, mujeres hilando...
Es como un álbum de fotos familiar,
pero pintado en cerámica.
Cada vez que miro una escena,
me acuerdo de algún momento
especial.

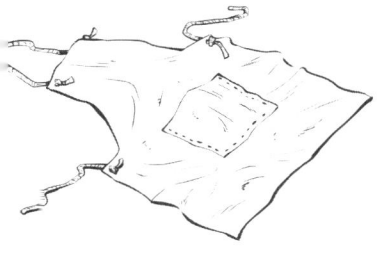

Delantal de trabajo

Mi delantal está lleno de
manchas de arcilla, de pintura
y..., bueno, también de la
comida del mediodía. Cada
mancha cuenta una historia
del taller.

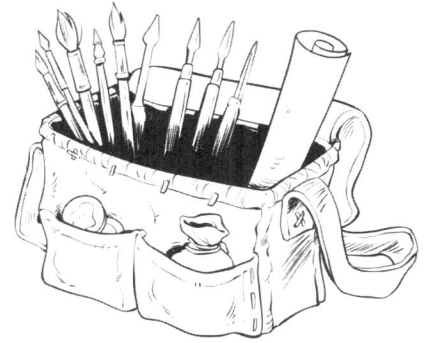

Bolsa de herramientas

Llevo pinceles, buriles,
compases..., pero también
monedas, recetas de mi
abuela y algún que otro
chisme del barrio.

HISTORIA 1

A QUÉ LLAMAMOS ANTIGUA GRECIA

Cuando hablamos de la antigua Grecia, no nos referimos a un país como los de hoy en día. ¡No era un territorio unificado con una sola constitución y un solo gobernante! En realidad, Grecia estaba formada por muchas ciudades independientes llamadas *polis*. Cada una tenía sus leyes, su ejército y hasta sus dioses favoritos. Era como si cada ciudad fuera un país en miniatura.

Estas ciudades estaban repartidas por tres zonas principales: la península de Grecia (la parte pegada al continente), las islas del mar Egeo (¡había cientos!) y las costas de Asia Menor (lo que hoy es Turquía).

Los griegos también fundaron colonias por todo el Mediterráneo. Viajaban en barcos y, cuando encontraban un sitio que les gustaba, construían una nueva ciudad griega en ese lugar. ¡Era como plantar semillas de Grecia por toda la costa!

Lo más curioso es que, aunque vivían separados, todos se sentían griegos. Hablaban la misma lengua, adoraban a los mismos dioses y tenían costumbres parecidas.

Grecia continental

Asia Menor

Delfos ■

Corinto ■   ■ Atenas

■ Esparta

Islas del Egeo

Las polis griegas estaban
conectadas por el mar.
¡Los griegos navegaban mejor
que un GPS moderno!

HISTORIA ENREDADA

¿Quieres saber más sobre las polis griegas?
Lee la información de las páginas 18, 22 y 23.

EL ORIGEN DE LOS GRIEGOS

Los primeros griegos no aparecieron de la nada, como por arte de magia. Llegaron a Grecia hace muchos muchos años, alrededor del año 2000 antes de Cristo.

Estos primeros griegos eran un pueblo que venía del norte, y se llamaban *aqueos*. Viajaban con sus familias, sus animales y todas sus pertenencias, buscando tierras mejores donde instalarse.

Cuando llegaron a Grecia, ya había gente viviendo allí desde hacía siglos. Eran pueblos que conocían muy bien la agricultura y habían construido ciudades. Los aqueos se mezclaron con los habitantes que ya estaban allí. A veces, de manera pacífica y..., a veces, después de guerrear con ellos.

Traen mucho equipaje. ¿Cuánto pensarán quedarse?

¡Para siempre!

La unión entre aquellos pueblos y los aqueos dio lugar a una nueva cultura. Los aqueos aportaron su lengua (que se convirtió en el griego antiguo) y sus costumbres, mientras que los pueblos anteriores les enseñaron técnicas de cultivo y oficios.

Con el tiempo llegaron otros pueblos griegos: los jonios, los eolios y los dorios. Cada uno tenía sus costumbres, pero todos hablaban griego y adoraban a dioses parecidos.

LA CIVILIZACIÓN MICÉNICA

Los aqueos que llegaron a Grecia no se quedaron de brazos cruzados. Con el tiempo, construyeron una civilización impresionante que llamamos *micénica,* porque su ciudad más importante era Micenas.

Los micénicos eran unos constructores increíbles. Levantaron murallas de piedra tan grandes que la gente pensaba que las habían construido unos gigantes. También construyeron palacios espectaculares.

Los micénicos también eran grandes navegantes y comerciantes. Sus barcos llegaban hasta Egipto y llevaban sus productos por todo el Mediterráneo. Además, eran guerreros que luchaban con carros tirados por caballos.

Pero lo más fascinante era que sabían escribir. Lo hacían en tablillas de arcilla blanda que luego secaban al sol. Y usaban unos símbolos rarísimos que en la época moderna nadie entendía…, hasta que un británico, Michael Ventris, los descifró en 1952. Y entonces llegó la gran sorpresa: aquella escritura tan extraña contenía… ¡palabras en griego! Eso demostró que los micénicos fueron los griegos más antiguos.

Esta civilización duró unos 400 años, desde el 1600 hasta el 1200 a. C. aproximadamente. Fueron los protagonistas de muchas de las historias griegas más famosas, como la de la guerra de Troya.

LOS AÑOS OSCUROS

Alrededor del año 1200 a. C., algo terrible pasó en Grecia. La brillante civilización micénica se derrumbó de repente. Los palacios fueron abandonados, las ciudades quedaron vacías y la escritura desapareció.

A este período lo llamamos los «años oscuros» porque sabemos muy poco de lo que pasó durante estos siglos.

¿Qué pudo causar este desastre? Los historiadores tienen varias teorías. Tal vez fueron terremotos, o invasiones de pueblos extranjeros, o guerras entre las propias ciudades micénicas. Quizá fue una combinación de todas estas cosas.

Durante estos años, la vida se volvió mucho más sencilla. La población vivía en aldeas, criaba animales y cultivaba la tierra. Pero no todo se perdió. La gente siguió hablando griego, adorando a sus dioses y contando las viejas historias de héroes y batallas. Estas pasaron de padres a hijos durante siglos, hasta que el poeta Homero les dio forma.

Los años oscuros terminaron cuando los griegos empezaron otra vez a comerciar, a construir ciudades y a escribir.

NUEVOS TIEMPOS (SIGLO VIII A. C.)

Después de cuatro siglos oscuros, Grecia despertó de su larga siesta. El siglo VIII a. C. marcó el comienzo de una nueva era llena de cambios emocionantes.

Lo primero que cambió fue que los griegos volvieron a escribir, aunque no como los antiguos micénicos. Esta vez se inspiraron en el alfabeto de los fenicios (un pueblo de navegantes y comerciantes) y crearon su propio alfabeto griego. ¡Era mucho más fácil de aprender!

Las aldeas empezaron a crecer y convertirse en ciudades. Nacieron las famosas polis griegas, cada una con sus leyes y costumbres. Atenas, Esparta, Corinto..., todas comenzaron a tomar forma en esta época.

Los griegos también redescubrieron el mar. Construyeron barcos mejores y empezaron a navegar por todo el Mediterráneo. Fundaron colonias en lugares lejanos, como Italia, Francia, España y el mar Negro.

Y algo muy importante: en este siglo vivió Homero, el poeta de la *Ilíada* y la *Odisea*. Gracias a él, todas esas historias que los abuelos habían contado durante los años oscuros se han conservado hasta nuestros días.

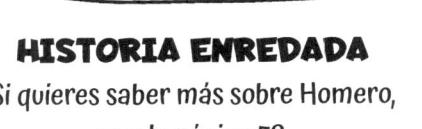

HISTORIA ENREDADA
Si quieres saber más sobre Homero,
ve a la página 58.

¡Qué siglo más emocionante!

Canta, oh musa, la cólera de Aquiles... ¡Qué bien me ha quedado!

¡Más despacio, maestro!

CREA TU PROPIA MÁSCARA DE AGAMENÓN

En 1876, el arqueólogo Heinrich Schliemann descubrió en Micenas una máscara de oro que creyó que había pertenecido al rey Agamenón, el famoso rey de la guerra de Troya. Aunque después se descubrió que era mucho más antigua, la máscara de Agamenón se convirtió en uno de los tesoros más famosos de la arqueología griega.

Las máscaras funerarias eran muy importantes para los micénicos. Las ponían sobre el rostro de los reyes muertos para protegerlos en el más allá. Estaban hechas de oro puro y mostraban los rasgos del difunto.

Ahora tú puedes crear tu propia máscara micénica y sentirte como un rey o una reina de la antigua Grecia.

MATERIALES NECESARIOS

- 1 plato de cartón
- Papel dorado
- Pegamento en barra
- Tijeras de punta roma
- Lápiz
- Rotulador negro de punta fina
- Cinta adhesiva
- Un palo de helado o palito de madera
- Regla

PASOS PARA REALIZAR LA MANUALIDAD

1. Coloca el plato de cartón boca abajo sobre la mesa.
2. Dibuja sobre el plato los ojos (dos óvalos), la nariz (un triángulo alargado) y la boca (una línea curvada hacia arriba, como sonriendo).
3. Recorta cuidadosamente los agujeros de los ojos. Pide ayuda a un adulto si es necesario.
4. Extiende papel dorado sobre toda la superficie del plato. Pégalo con pegamento.
5. Con cuidado, marca con el dedo los contornos de los ojos, la nariz y la boca sobre el papel dorado. Luego recorta el papel en esas zonas.
6. Con el rotulador negro, repasa los contornos de las zonas recortadas. Puedes añadir detalles decorativos: líneas en las mejillas, cejas marcadas, bigote si quieres...
7. Pega el palo de helado en la parte trasera de la máscara.
8. ¡Tu máscara de Agamenón está lista!

HISTORIA II

LA POLIS

¿Te imaginas vivir en una ciudad que es como un país diminuto? ¡Pues eso era una polis griega!

Aunque una polis no era solo una ciudad. Era la ciudad más todos los campos, pueblos y montañas de alrededor. Cada polis tenía sus leyes, su ejército, sus monedas y hasta sus propios dioses protectores.

En el centro de la polis estaba el ágora, que era la plaza principal donde la gente se reunía para comprar, vender, charlar y tomar decisiones importantes. También estaba la acrópolis, una colina alta donde se construían los templos más importantes.

Los ciudadanos de cada polis se sentían muy orgullosos de su ciudad. Además, allí tenían derechos y privilegios de los que no podían disfrutar si viajaban a otras ciudades griegas.

23

GRUPOS SOCIALES

En las polis griegas no todo el mundo era igual. Había tres grupos principales de personas:

Ciudadanos

Eran los más afortunados. Solo podían ser ciudadanos los hombres nacidos en la polis mayores de 18 años. Ellos podían votar, participar en el gobierno y poseer tierras. Podían ser ricos o pobres, pero todos tenían los mismos derechos.

Esclavos

No tenían libertad y pertenecían a sus amos. Trabajaban en casas, talleres y campos. Algunos esclavos muy cultos enseñaban a los niños ricos o trabajaban como médicos.

Mujeres

Incluso las ciudadanas, no podían votar ni participar en política. Se encargaban de la casa y de la familia. ¡Aunque algunas, como las espartanas, tenían más libertades que las atenienses!

O sea, que aquí solo pueden votar los hombres y las mujeres no...

Por lo menos votan algunos. Antes no votaba nadie.

EL TEATRO

¡A los griegos les encantaba el teatro! Era el Netflix de la antigüedad, pero mucho mejor porque lo veían en directo y con efectos especiales reales.

Había dos tipos de obras: las tragedias (historias tristes sobre héroes y dioses) y las comedias (historias divertidas que se burlaban de todo el mundo, ¡incluso de los políticos!).

Los actores eran siempre hombres, incluso para hacer de mujeres. Usaban máscaras enormes con expresiones exageradas para que el público pudiera ver sus emociones desde lejos. ¡Parecían emoticonos gigantes!

Los teatros se construían en las laderas de las colinas para que el sonido llegara mejor a todos. Podían sentarse hasta 15 000 personas. Las obras empezaban muy temprano por la mañana y duraban todo el día. Los espectadores llevaban cojines, comida y bebida. ¡Era como un pícnic con espectáculo incluido!

HISTORIA ENREDADA

Los griegos adoraban el teatro.
Descubre sus principales autores y obras
en la página 59.

LOS TEMPLOS

Los templos griegos eran las casas de los dioses, ¡y vaya casas! Exclusivas para ellos. No eran como las iglesias, donde la gente se reúne a rezar. Los griegos rezaban fuera, en el patio del templo.

Dentro del templo había una estatua gigante del dios o la diosa, a veces hecha de oro y marfil. La de Zeus en Olimpia y la de Atenea en Atenas eran las más famosas.

Alrededor de la casa de la deidad, los templos tenían una o varias filas de columnas, que podían ser de tres tipos: dóricas (sencillas), jónicas (con volutas arriba) y corintias (superdecoradas con hojas).

Los griegos llevaban ofrendas a los templos: comida, joyas, estatuas pequeñas... ¡Lo hacían para que los dioses estuvieran contentos y les concediesen sus deseos o les perdonasen sus faltas!

GIMNASIOS Y DEPORTES

Los griegos inventaron el deporte tal y como lo conocemos, aunque sus gimnasios eran muy diferentes de los de ahora.

En los gimnasios griegos no solo hacían ejercicio. También estudiaban matemáticas, filosofía y música. ¡Una mezcla de instituto y polideportivo!

Los jóvenes se ejercitaban desnudos porque creían que así el cuerpo se movía mejor. Practicaban lucha, boxeo, carrera, lanzamiento de disco y jabalina. También tenían una competición superrara llamada *pancracio,* que era una mezcla de lucha libre y artes marciales.

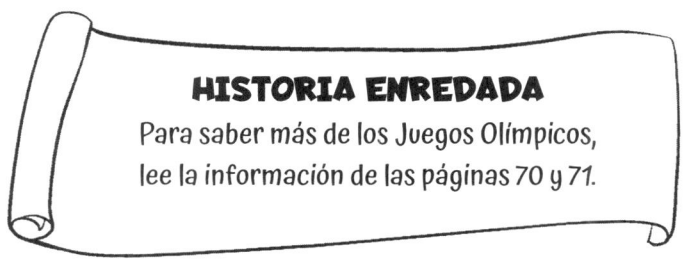

¡¡Perdón, se me ha desviado!! ¡¡Era para Zeus!!

Juegos Olímpicos

Se celebraban cada cuatro años en honor a Zeus
en la ciudad de Olimpia. Eran el evento deportivo más
importante. Acudían atletas de todas las polis y durante
los juegos se paraban todas las guerras. Los ganadores no
recibían medallas de oro, sino coronas de ramas de olivo.
No parece gran cosa... Pero cuando volvían a su ciudad
les daban dinero y comida gratis de por vida.
¡Se convertían en celebridades.

HISTORIA ENREDADA

Para saber más de los Juegos Olímpicos,
lee la información de las páginas 70 y 71.

CONSTRUYE TU PROPIA POLIS GRIEGA

MATERIALES NECESARIOS

1 base de cartón grande (50 x 40 cm)

Plastilina de colores (blanca, marrón, verde, azul)

Palillos de dientes

Tubos de cartón del papel higiénico (4 unidades)

Cartulina blanca y de colores

Pegamento escolar

Rotuladores

Algodón

Piedrecitas pequeñas o lentejas

Trocitos de esponja verde (opcional)

PASO A PASO

1. Prepara la base
Pinta el cartón con témpera marrón
para hacer la tierra. Deja secar.

2. Haz el mar
En un extremo, pinta una franja azul para el mar.
Pega algodón estirado encima para hacer las olas.

3. Construye la acrópolis
Con plastilina marrón, haz una colina en el centro.
Será tu acrópolis.

4. Crea las columnas
Corta los tubos de cartón por la mitad.
Pinta los 8 trozos de blanco. ¡Ya tienes columnas!

5. Construye el Partenón
Coloca 6 columnas en rectángulo sobre la colina.
Con cartulina, haz un techo triangular.

6. Haz el ágora
En la base, marca un cuadrado con rotulador.
Pon las 2 columnas restantes para hacer un pórtico.

7. Añade detalles
Con plastilina, haz casitas pequeñas alrededor del ágora.
Usa piedrecitas para hacer caminos.

8. Crea los campos
Pega trocitos de esponja verde o haz pequeños campos
con plastilina verde.

HISTORIA III

ASÍ VIVÍAN LOS GRIEGOS

Cuando pensamos en la antigua Grecia nos imaginamos siempre los templos, los filósofos o los famosos héroes de leyenda. Pero la vida de la mayoría de la gente era mucho más sencilla: trabajaban, comían, jugaban, cuidaban a la familia..., igual que nosotros.

A pesar de las diferencias, el día a día de la gente se parecía más al nuestro de lo que pensamos.

Los griegos vivían en casas con patio, comían pan, queso, aceitunas y pescado, y se reunían en las plazas o en el teatro para charlar y divertirse. No tenían coches ni móviles, pero sí tenían gimnasios, juegos y fiestas en honor a los dioses.

No sé cómo sobrevivís sin móviles.

¿Para qué queremos esas cosas si podemos ir a hablar con nuestros amigos en el ágora o a disfrutar en el teatro?

UN DÍA EN LA VIDA DE UN GRIEGO

Los griegos se levantaban con el sol, sobre las seis de la mañana. Lo primero que hacían era lavarse la cara con agua fría y desayunar pan mojado en vino mezclado con agua. Los hombres salían a trabajar al campo, al taller o al ágora. Las mujeres se quedaban en casa hilando, tejiendo y cuidando a los hijos. Los niños ricos iban a la escuela; los pobres, ayudaban a sus padres.

¡KIKIRIKÍÍÍÍ! (Servicio de despertador desde el 500 a. C.).

¡Otro día de trabajo! A ver si hoy no se me rompe ninguna vasija...

Al mediodía hacían una comida ligera y después dormían la siesta. Por la tarde, los hombres iban al gimnasio o a las termas (una especie de espá gratuito).

La cena era la comida más importante, con la familia reunida. Cuando oscurecía, en las casas se encendían lámparas de aceite. Pero el aceite era caro, así que había que acostarse pronto.

LA COMIDA GRIEGA

La dieta griega era sencilla pero
saludable: pan, aceitunas, queso, frutas,
pescado y vino, que siempre se
mezclaba con agua.

La carne era un manjar escaso,
y solo se comía en las fiestas
religiosas.

El producto estrella de la cocina griega era el aceite de oliva. Pero no solo lo usaban para cocinar..., también para perfumarse y para darse masajes en los gimnasios.

¡Aceite de oliva para todo! Sirve hasta para peinarse.

Los comedores de los antiguos griegos no se parecían en nada a los nuestros. Comían en mesas bajas, recostados en divanes, y no usaban cubiertos como los actuales. Se llevaban la comida a la boca con las manos. Para los alimentos más líquidos, tenían cucharas de madera.

LAS CASAS Y LA FAMILIA

Las casas griegas eran sencillas, con paredes de adobe o piedra y techos de tejas. En el centro de la casa había un patio con un pozo. En el patio se cocinaba y se hacía vida familiar.

Los hombres pasaban casi toda la jornada en el ágora o el gimnasio, mientras las mujeres se quedaban en casa tejiendo y cuidando de los niños. La parte de la casa donde las mujeres hacían su vida se llamaba *gineceo*.

Las casas de los antiguos griegos tenían muchos menos muebles que las nuestras. No había sofás, ni sillas, ni estanterías. Tan solo cofres para guardar la ropa y la vajilla, taburetes para sentarse y camas de lana.

Tampoco tenían cuartos de baño privados. Para hacer sus necesidades, usaban jarras de barro o iban a una letrina pública.

LA ROPA Y EL CUIDADO PERSONAL

La ropa que usaban era bastante cómoda:

¡Necesito tacones con esta túnica!

Himation
Manto para no pasar frío que se ponían en invierno.

Peplo
Las mujeres llevaban una túnica larga sujeta con broches.

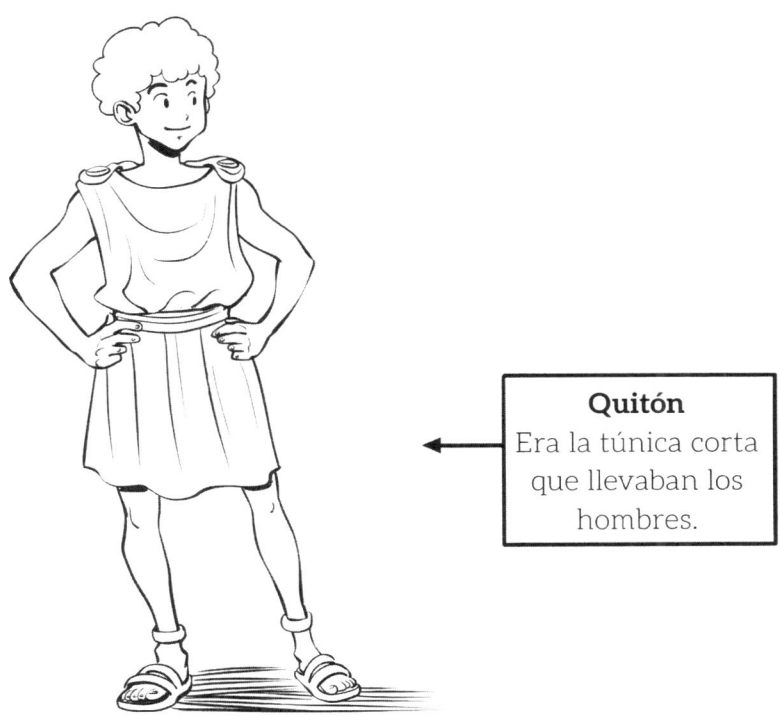

Quitón
Era la túnica corta
que llevaban los
hombres.

Una cosa curiosa es que los griegos no utilizaban ni botones ni cremalleras. La ropa se sujetaba solo con broches y alfileres. Era todo un arte y, si te equivocabas..., se te podía caer todo al suelo en un momento.

Pero eso no significa que a los griegos no les importase la estética. Al contrario, les encantaba cuidarse: usaban aceites perfumados, peines de hueso, espejos de bronce... y se adornaban con joyas de oro o de vidrio.

LOS JUEGOS Y DIVERSIONES

A los griegos les encantaba divertirse, y no solo con los grandes espectáculos como el teatro o los Juegos Olímpicos. También tenían muchos juegos para pasar el rato.

Los niños

Jugaban a la peonza, a la rayuela, a las tabas (con huesecillos o piedras que lanzaban y atrapaban con la mano), con pelotas de cuero rellenas de lana, e incluso con muñecas articuladas hechas de barro o madera. Algunos juegos eran muy parecidos a los nuestros, como las carreras, el escondite o el pillapilla.

Los adultos

A menudo asistían a banquetes (simposios), donde se recostaban, bebían vino aguado, charlaban, recitaban poemas y jugaban a adivinar acertijos.

Además, se entretenían con juegos de mesa como el *petteia*, parecido al ajedrez o las damas, donde las fichas se movían por un tablero.

El cantar y contar historias era una de las diversiones favoritas: no había televisión, así que los espectáculos de canto, baile y recitado se improvisaban en directo.

JUEGO DE TABAS

Las tabas eran un juego muy popular entre los antiguos niños griegos. Se hacían con huesecillos de oveja *(astragaloi)*, pero tú puedes crearlas con plastilina.

MATERIALES NECESARIOS

Plastilina de colores
Palillos de dientes
Dados viejos o fichas
Rotuladores

PASOS

1. Haz cinco bolitas de plastilina
y dales forma cuadrada o irregular.

2. Marca en cada cara un puntito
o dibujo distinto.

3. Deja secar un poco.

4. Juega tirándolas al aire:
gana quien atrape más en el dorso de la mano.

HISTORIA IV

EL ALFABETO GRIEGO

El alfabeto griego nació a partir del fenicio en torno al siglo VIII a. C. La gran novedad fue añadir letras para las vocales, lo que facilitó mucho la lectura y la escritura respecto a otros sistemas de la época. Cada ciudad griega tenía una variante distinta, pero hacia el 400 a. C., todas adoptaron un mismo alfabeto, el jónico.

¿Esto es una épsilon o un peine?

HISTORIA ENREDADA
¿Quieres ver el alfabeto griego completo y aprender a escribir con él? ¡En las páginas 60 y 61 tienes toda la información!

Las primeras inscripciones conservadas suelen situarse entre el 740 y el 720 a. C. El griego era muy antiguo (arcaico) y a menudo estaba escrito de derecha a izquierda.

Inscripción del Dípylon (Atenas)

La Copa de Néstor (Pitecusas, Isquia)

LOS MITOS GRIEGOS 1

Los griegos contaban historias de **dioses** y **diosas** para explicar el mundo y transmitir sus ideas sobre la justicia, el amor o el poder. Ellos creían que habían existido varias generaciones de dioses, pero la que mandaba en su época era la de los dioses olímpicos, llamados así porque se pensaba que vivían en la cima del monte Olimpo (una montaña real de Grecia, que casi siempre tiene su cima envuelta en nubes).

El jefe de los dioses olímpicos era **Zeus,** señor del cielo y las tormentas; su esposa **Hera** protegía el matrimonio; su hija **Atenea** representaba la inteligencia estratégica y las artes; **Poseidón,** hermano de Zeus, gobernaba los mares y los terremotos, y **Afrodita**, que había nacido del mar, simbolizaba la belleza y el deseo. También eran muy venerados los hermanos **Apolo** y **Artemisa;** el primero era el dios de las artes y la música, y la segunda, la diosa de la caza, la naturaleza y la luna. Todos estos personajes aparecían en numerosos relatos llenos de aventuras y enredos amorosos.

HISTORIA ENREDADA

Cada dios tenía sus templos. El más impresionante era el templo de Zeus, en Olimpia (páginas 68-69).

51

LOS MITOS GRIEGOS II

Los **héroes** de la mitología griega no eran inmortales como los dioses, pero tenían poderes asombrosos y se enfrentaban a toda clase de retos y desafíos para demostrar su agilidad física, su poder o su astucia.

Heracles
Famoso por su fuerza, superó doce trabajos que parecían imposibles.

Perseo
Venció a uno de los monstruos más famosos de la mitología griega, la temible Medusa (que te podía volver de piedra con solo mirarte).

Ulises (Odiseo)
Se enfrentó a toda clase de
monstruos en su camino
de regreso desde la guerra de
Troya hasta su isla, Ítaca.

Atalanta
Se hizo famosa por ganar
en las carreras a héroes
varones, y participó como
una más en la expedición
de los Argonautas (que
era una especie de alianza
de superhéroes, como los
Vengadores o la Liga de
la Justicia).

Los mitos que contaban las hazañas de los héroes griegos
tenían muchas versiones (igual que Spiderman o
Superman), pero eso agrandaba aún más su leyenda.
También recibían ofrendas y plegarias, como los dioses.
Sus historias circulaban por toda Grecia.

LOS PRIMEROS FILÓSOFOS

Los primeros pensadores o filósofos, conocidos como los **presocráticos,** creían que el origen de todo lo que existe se podía explicar a partir de causas naturales, sin tener que recurrir a las historias de los dioses.

Tales de Mileto, afirmaba que todo procede del agua; **Anaximandro** pensaba que el origen del mundo estaba en el *ápeiron* (lo indefinido), y **Anaxímenes** suponía que lo que había originado todo era el aire.

Para **Heráclito,** el fuego era el origen del mundo, que estaba en continuo cambio. **Parménides,** sin embargo, aseguraba que bajo esos cambios existía una realidad única y eterna.

El filósofo **Pitágoras** estudió sobre todo
los números y su relación con la música
y el universo. Fundó una de las primeras
escuelas de filosofía, y se le considera el padre
de las matemáticas.

Qué bonito.
Me están entrando
ganas de inventarme
un teorema.

SÓCRATES, PLATÓN Y ARISTÓTELES

Los principales filósofos de la generación siguiente a la de los presocráticos vivían y enseñaban en la ciudad de Atenas. Para ellos, lo más importante no era explicar el origen de todo, sino entender al ser humano y descubrir cómo ser más felices y mejores personas.

Sócrates fue el primero de ellos. No escribió nada, porque pensaba que era mejor enseñar hablando. Lo que hacía con sus alumnos era preguntarles y preguntarles hasta que sus ideas se iban aclarando. Esta manera de ponerlo todo en duda incomodaba tanto al poder, que terminaron condenándolo a muerte.

Yo no doy respuestas;
regalo preguntas.

El alumno más famoso de Sócrates, **Platón,** fundó una escuela de filosofía llamada la *Academia*. Defendía que había dos mundos: uno el que vemos y otro invisible con ideas perfectas.

Aristóteles, alumno de Platón, creó otra escuela llamada el *Liceo*. Le interesaban todos los temas, desde los animales hasta el comportamiento humano y el origen del mundo, y escribió sobre todo ello.

Diógenes, otro filósofo de esta misma época, defendía que no se necesitaba casi nada para ser feliz. ¡Vivía en un barril gigante en la calle!

DE SAFO A LOS TRÁGICOS

El primer gran autor de la antigua Grecia fue **Homero.** Se cree que fue el autor de las dos historias en verso más amadas por los griegos: la *Ilíada,* que cuenta la historia de Aquiles, un héroe de la guerra de Troya, y la *Odisea,* que narra las aventuras de un compañero suyo, Ulises, para volver a su casa en la isla de Ítaca cuando terminó la guerra. La verdad es que no sabemos casi nada de este autor, aparte de que, según la tradición, era ciego.

Una de las poetas más antiguas fue **Safo** (c. 610–570 a. C.). Vivió en la isla de Lesbos, donde estableció una escuela para mujeres, algo bastante inusual en esa época. Escribió poesía **lírica** para ser cantada con lira. Solo conservamos algunos fragmentos, pero podemos imaginarnos su belleza.

Una sola voz, mil latidos.

Canta, musa..., que empieza la aventura.

Otro género en el que destacaron los antiguos griegos fue el **teatro.** Era uno de los grandes entretenimientos en ciudades como Atenas, donde se celebraban concursos para elegir a los mejores autores.

¡Prohibido aburrirse en esta polis!

Los más famosos escritores trágicos fueron **Esquilo,** que llevó a escena conflictos humanos y divinos; **Sófocles,** que nos dejó personajes inolvidables como Antígona y Edipo, y **Eurípides,** que exploró las pasiones y contradicciones de los seres humanos en obras como *Medea*.

También hubo grandes autores de comedia. El más famoso de todos fue **Aristófanes,** que en sus obras criticaba a los políticos y bromeaba sobre todos los aspectos de la vida ateniense, desde la guerra hasta la filosofía.

TU NOMBRE EN GRIEGO ANTIGUO

Escribe tu nombre con letras griegas. Para ello, usa este alfabeto. El sonido de cada letra está escrito al lado.

Alfabeto (mayúsculas)

A A		**N** N	
B B		**Ξ** X	
Γ G		**O** O (corta)	
Δ D		**Π** P	
E E (corta)		**P** R	
Z Z		**Σ** S	
H E (larga)		**T** T	
Θ TH		**Y** U	
I I		**Φ** F	
K K		**X** J	
Λ L		**Ψ** PS	
M M		**Ω** O (larga)	

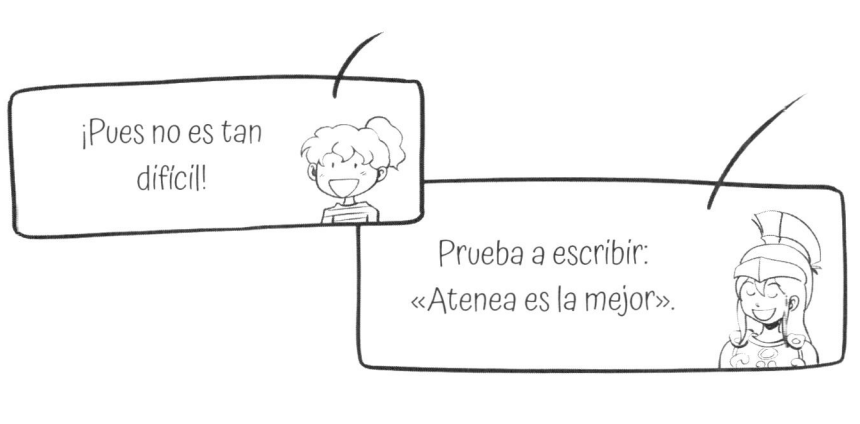

AURORA

AYPΩPA

LEO

ΛEΩ

HISTORIA V

ESPARTA

Esparta era una polis muy distinta de las demás. Allí se valoraban por encima de todo el ejército y la disciplina. Los niños varones espartanos empezaban un duro entrenamiento desde los siete años: aprendían a luchar y a soportar el frío y la falta de comida. Era la famosa *agogé*.

El gobierno espartano era bastante especial: tenían dos reyes que mandaban al mismo tiempo, además de un consejo de ancianos y cinco *éforos* que vigilaban las leyes.

Las mujeres espartanas gozaban de más libertad que en otras ciudades: podían heredar tierras, hacer deporte y recibir una educación.

¡Aquí las chicas también entrenamos!

ATENAS

Atenas era casi lo contrario de Esparta. Fue la cuna de la democracia: desde finales del siglo VI a. C., los ciudadanos votaban las leyes en la Asamblea y muchos cargos se elegían por sorteo.

Era también un gran centro cultural: allí florecieron el teatro, la filosofía, la escultura y los templos. Los atenienses se sentían orgullosos de su ágora (plaza pública) y de su acrópolis, donde estaba el Partenón, un magnífico templo dedicado a Atenea.

HISTORIA ENREDADA

Si quieres recordar quién podía y quién no podía votar en la antigua Grecia, vuelve a las páginas 24 y 25.

EL ORÁCULO DE DELFOS

En Delfos se encontraba el santuario de Apolo, donde había un oráculo muy famoso. Gente de toda Grecia acudía allí con preguntas sobre el futuro y el destino, y el dios las respondía a través de su sacerdotisa principal, la Pitia.

Nadie sabe muy bien qué hacía la Pitia para escuchar los mensajes de Apolo. Se cree que bajaba a una caverna y respiraba un humo con sustancias que afectaban al cerebro, haciéndole decir cosas extrañas. Esos eran los mensajes que transmitía después a los visitantes. Siempre eran respuestas abiertas y enigmáticas, así que podían interpretarse de varias formas.

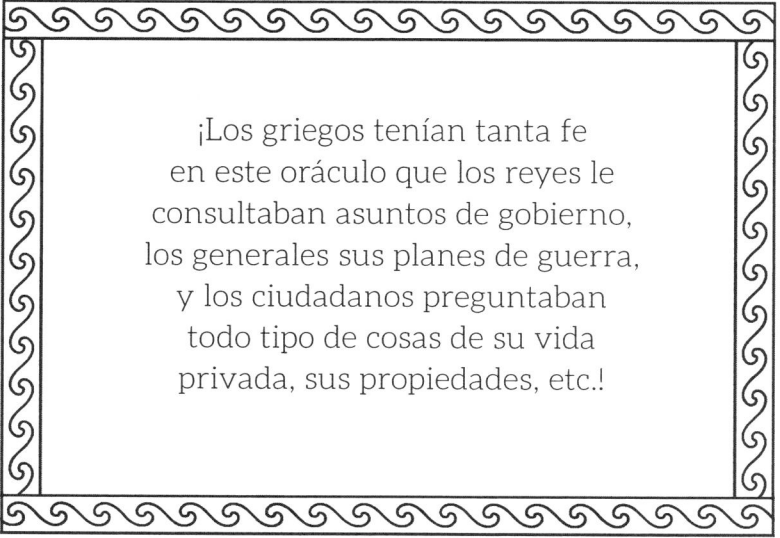

¡Los griegos tenían tanta fe
en este oráculo que los reyes le
consultaban asuntos de gobierno,
los generales sus planes de guerra,
y los ciudadanos preguntaban
todo tipo de cosas de su vida
privada, sus propiedades, etc.!

ΟLIMPIA, ΕL SANTUARIΟ DΕ ZΕUS

Olimpia no era una ciudad como Atenas o Esparta, sino un santuario religioso en honor a Zeus. Estaba en el valle del río Alfeo, rodeado de montañas. Allí se construyeron templos, altares y un estadio para celebrar las competiciones.

El edificio más impresionante era el templo de Zeus, con una estatua colosal del dios, hecha por el escultor Fidias, que estaba considerada una de las Siete Maravillas del Mundo Antiguo.

Durante los Juegos Olímpicos, llegaban peregrinos y atletas de todas partes de Grecia. La zona se llenaba de tiendas, banquetes, vendedores y sacerdotes que organizaban los rituales. Antes de empezar las pruebas, se sacrificaba un toro en honor a Zeus, y se encendía un altar sagrado.

HISTORIA ENREDADA

Para saber más de los Juegos Olímpicos, lee la información de las páginas 70 y 71.

¿Alguien está haciendo una barbacoa?

No, es el altar sagrado.

LOS JUEGOS OLÍMPICOS

Los Juegos Olímpicos se celebraban cada cuatro años y duraban cinco días. Era el acontecimiento más importante de Grecia: todas las guerras se detenían para que los atletas pudieran competir en paz.

Había competiciones de muchos deportes distintos:

Carreras a pie en diferentes distancias.

Mirad... ¡Sin zapatillas!

Lucha y **boxeo,** donde la fuerza lo era todo.

¿No podría inventar alguien los guantes de boxeo?

Pentatlón: salto de longitud, disco, jabalina, carrera y lucha.

Pancracio, un combate sin casi reglas, mezcla de lucha y boxeo.

Carreras de carros, espectaculares y peligrosas.

Los ganadores recibían una corona de olivo, pero también regalos, banquetes y homenajes en su polis. Su fama podía durar toda la vida.

OLIMPIADAS EN MINIATURA

¡Organiza tus propios Juegos Olímpicos en clase o en casa! Puedes inventar pruebas divertidas y premiar a los ganadores con coronas de olivo hechas de cartulina.

MATERIALES NECESARIOS

Plato de cartón (para el «disco»)
Cuerda (para el salto)
Cucharas y pelotas pequeñas (para carreras de equilibrio)
Cartulina verde
Tijeras de punta roma
Pegamento o grapadora

PASOS

1. Corta tiras de cartulina verde y recórtalas en forma de hojas.
2. Une varias hojas formando coronas circulares.
3. Prepara varias pruebas distintas: carrera de relevos, lanzamiento de plato de cartón, equilibrio con cucharas. ¡Deja bien claras las reglas!
4. Premia a los ganadores con las coronas.

HISTORIA VI

FIDIAS Y LA ESCULTURA

Una de las artes en la que más destacaron los griegos fue la escultura. Sus figuras de hombres y mujeres intentaban representar el cuerpo humano ideal. Al principio, las esculturas eran rígidas, pero con el tiempo se fueron volviendo más naturales.

Fidias

Vivió en el s. V a. C. Fue el escultor más famoso y el director de las obras del Partenón. Su estatua de Atenea Partenos, de oro y marfil, ocupaba el interior del templo. También creó la estatua de Zeus en Olimpia, considerada una de las Siete Maravillas del Mundo Antiguo.

Los griegos inventaron el *contrapposto,* una postura en la que el peso del cuerpo se apoya en una pierna, dando sensación de equilibrio y vida.

¡Mira, si apoyo el peso en un pie, parezco más elegante!

LA PINTURA

Los griegos también desarrollaron mucho el arte de la pintura. El problema es que este tipo de obras no resiste el paso del tiempo tan bien como las esculturas de piedra. Por eso, apenas se conservan pinturas griegas. Pero sabemos cómo eran por las copias que hicieron los romanos y por los restos encontrados en algunas tumbas.

Los pintores decoraban los templos y edificios con escenas mitológicas, batallas y paisajes. Dominaban la perspectiva y el uso de la luz y la sombra, lo que hacía las figuras más realistas. Los templos que ahora vemos desnudos, como el Partenón, estaban pintados de vivos colores.

Algunos de los pintores griegos más famosos fueron **Polignoto,** que pintó grandes murales, y **Apeles,** un célebre artista de la época de Alejandro Magno.

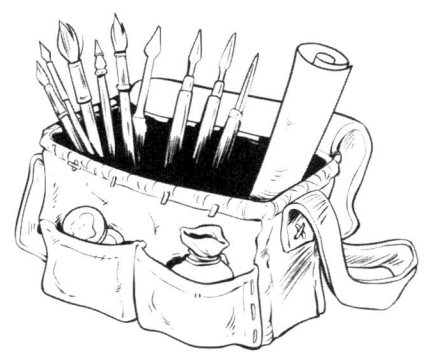

LA CERÁMICA

La cerámica griega era a la vez útil y artística. Se fabricaban toda clase de recipientes: desde enormes ánforas para guardar aceite, vino o agua, hasta diminutos frascos para guardar perfumes y ungüentos.

Los artesanos decoraban las vasijas con escenas de la vida cotidiana, batallas o mitos. Los estilos de decoración iban cambiando según las modas. Los más famosos fueron:

Figuras negras
Se decoraba así durante los siglos VII–V a. C. Las siluetas de los personajes eran negras sobre fondo rojo.

Figuras rojas
Desde el siglo V a. C., el fondo era negro y las figuras de los personajes, rojas.

Gracias a la cerámica, hoy conocemos muchos detalles acerca de la vida cotidiana de los griegos y de sus creencias y mitos.

Aunque la antigua Grecia queda muy atrás, su historia se enreda con la nuestra constantemente. Sus ideas sobre el arte, la democracia, la ciencia y la filosofía todavía nos inspiran. Su legado está en nuestras escuelas, en los teatros, en los libros y hasta en los Juegos Olímpicos. Si su legado sigue vivo, ¿qué dejaremos nosotros para el futuro?